Judo

Paul Mason

Corona
Ars Scribendi Uitgeverij

© 2007 Franklin Watts
Oorspronkelijke titel Judo
© 2008 *Nederlands Taalgebied* Ars Scribendi bv,
Etten-Leur, NL

Productie De Laude Scriptorum bv, Etten-Leur, NL

Vertaling Hajo Geurink

Zetwerk ROOS dtp-service, Velp (G)

ISBN 978-90-5566-405-4

Opmerking: op het moment van drukken waren de
prestaties en profielen van atleten in dit boek up-to-date.
Sommige atleten zijn echter nog altijd actief en ze
kunnen hun records inmiddels hebben verbeterd.

Fotoverantwoording
Peter Tarry/Action Plus 21;
Bob Willingham 7, 14, 17, 26.

Omslagfoto's: Tudor Photography, Banbury

Op alle foto's poseren modellen.
Dank aan Anjola Daniel, Steve De-Meis,
Jack Eaglestone, Thea Hawlin, Arthur King,
Adam Wittiner, Emily J.M. Wittiner.

Judo gebruikt veel Japanse woorden;
deze zijn cursief gedrukt, *zoals dit*.

Sporten is een leuke
manier om fit te worden,
maar gaat zoals elke vorm van
lichaamsbeweging gepaard met
zekere risico's, vooral als je in
slechte conditie verkeert, te zwaar
bent of met medische klachten
kampt. Raadzaam is om het met je
huisarts te overleggen voordat je
aan een sport begint.

Inhoud

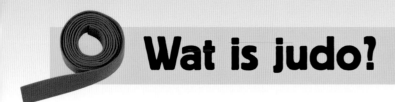

Wat is judo?

Judo is een methode om jezelf te verdedigen. Het is ook een Olympische sport. De in Japan bedachte sport is nu populair over heel de wereld. Tegenwoordig zijn er judobeoefenaren, judoka's genoemd, van alle leeftijden en haast elke nationaliteit.

De geboorte van judo

Judo werd in 1882 bedacht door de Japanner Jigoro Kano. In die tijd was de zelfverdedigingskunst jiujitsu populair in Japan. Op basis van enkele jiujitsutechnieken bedacht Kano judo.

Judowedstrijden

In een judowedstrijd staan twee judoka's tegenover elkaar. Beiden proberen elkaar op de grond te werpen.
Ze scoren punten door een worp te maken. Hoe beter de worp, hoe meer punten je scoort. Soms is één worp zo goed dat je meteen de wedstrijd wint.

Vaak gebeurt het dat de judoka's op de grond liggend verder vechten.
Ze kunnen nu scoren door hun tegenstander op de grond te drukken. Dit wordt grondgevecht genoemd.

▼ Een klas jonge judoka's luistert aandachtig naar de uitleg van hun judoleraar.

Met judotechnieken kan iemand die klein is een persoon die groter, zwaarder en sterker is toch omwerpen.

Op blz. 26 vind je meer over de puntentelling. De scheidsrechter beslist of je scoort. Hij of zij staat op de mat met de judoka's en kijkt of ze zich aan de judoregels houden.

Judo stond in 1964 voor het eerst op het programma van de Olympische Spelen, maar alleen voor mannen. Voor vrouwen werd judo pas in 1988 een Olympische sport.

Maar er zijn meer wedstrijden, voor alle niveaus - van wedstrijden tussen judoclubs en regionale en landelijke kampioenschappen tot internationale toernooien als het Wereldkampioenschap.

Zelfverdediging

Judoka's gebruiken de agressie van hun tegenstander om hem te verslaan. Daardoor kan iemand die kleiner is toch winnen van iemand die groter is. Om deze reden is judo een populaire zelfverdedigingsmethode.

Respect en discipline

In judo wordt verwacht dat je anderen het juiste respect betoont. Iedereen - oefenpartners, leraren, scheidsrechters en juryleden - moet beleefd en respectvol zijn tegenover elkaar.
Ook discipline is belangrijk. Leerlingen luisteren aandachtig naar hun leraar en proberen altijd diens adviezen op te volgen. De beslissing van de scheidsrechter is bindend. De judoka moet het accepteren ook al is hij het er niet mee eens.

Jigoro Kano, de bedenker van judo (rechts), leert een leerling zijn technieken. Omdat Japan de bakermat van judo is, zijn veel van de speciale judowoorden Japans.

Krachtmeting

In 1886, slechts vier jaar na de geboorte van judo, wachtte de nieuwe sport een zware krachtmeting. De politie van Tokio hield een wedstrijd tussen beoefenaren van judo en jiujitsu. Van de vijftien partijen eindigden er twee onbeslist - de judoka's wonnen de andere dertien! Jigoro Kano's nieuwe sport was een groot succes.

Judobasics

De enige uitrusting die je echt nodig hebt om te beginnen, is het speciale pak dat alle judoka's dragen.
Je judoclub voorziet in alle overige benodigdheden.

Het judopak

Het judopak, *judogi* genoemd, is heel eenvoudig. Het bestaat uit een witte jas en broek en een speciale lange band. De jas en broek moeten stevig zijn, zodat ze niet scheuren tijdens het judoën. Judoka's vechten blootsvoets en dragen geen sieraden. Als je lang haar hebt, kun je je haar het beste in een paardenstaart dragen. In wedstrijden draagt een van beide judoka's een blauwe *dogi*, zodat de jury de twee uit elkaar kan houden.

Judoscholen

Judoscholen worden *dojo* genoemd. Sommige hebben een eigen zaal, maar de meeste delen de ruimte met andere activiteiten. In dat geval moet alles na de les worden opgeruimd.

De oefenmat

Het belangrijkste uitrustingsstuk van een judoschool is de oefenmat - de *tatami*. De mat voorkomt dat judoka's zich pijn doen als ze vallen. Hij vormt ook het 'veld' waarbinnen judoka's moeten blijven in een wedstrijd.

Oefenmatten kunnen elke omvang hebben. Een wedstrijd-tatami is minstens 8 meter in het vierkant.

Hij heeft rondom een gevarenzone van 1 meter (die de judoka's waarschuwt dat ze bijna van het veld afgaan) en een veiligheidszone van 3 m (waar de mat doorloopt voor het geval iemand buiten de wedstrijdzone wordt geworpen).

Versterkte kraag

Lange mouwen, waaraan de tegenstander kan beetpakken

Stevig gestikte zoom scheurt niet

Band

Wijde broek, tot boven de enkels

Deze jonge judoka is klaar voor actie!

Een judoband knopen

1 *Houd het precieze midden van de band voor je buik.*

2 *Sla beide eindes om je rug en trek ze weer voor je buik.*

3 *Sla het rechter- over het linkereind en haal het achter beide windingen langs.*

4 *Sla links over rechts en leg er een stevige knoop in. Beide eindes moeten even lang zijn. Zijn ze dat niet (zie de andere bladzijde), dan moet je het misschien opnieuw doen van je leraar!*

Een goed geknoopte band, met een stevige knoop en twee even lange eindes.

Let op!
Knoop je judoband altijd aan de voorzijde, met de knoop op de rug kun je lelijk je rug blesseren als je valt.

Judograden
Bij oudere judoka's geeft een systeem van tien graden aan hoe goed ze zijn. De graden worden *kyu's* genoemd. Vanaf de tiende *kyu* mag een judoka een zwarte band dragen.

Voor juniorjudoka's bestaan verschillende gradensystemen, afhankelijk van hun land. Met een band in een bepaalde kleur kunnen ze bij tussenexamens slippen halen. De volgorde van de judokleuren van beginner tot meester is:

- wit
- geel
- oranje
- groen
- blauw
- bruin

Om een hogere graad te bereiken moeten judoka's in een examen laten zien dat ze de regels en technieken goed beheersen.

Leren judoën is erg leuk, maar ook hard werken! Zelfs je voorbereiden op de les dient heel zorgvuldig te gebeuren. Het loont echter de moeite, omdat je daardoor blessures kunt vermijden.

Warming-up

Door rekoefeningen (stretching) en lichte beweging warm je je spieren op voor de inspanning die je gaat doen. In judo gaat alles heel snel, en het is daarom belangrijk dat je lichaam helemaal klaar is om in de les alles te doen wat moet. Het ene moment sta je tegenover je tegenstander.

Het volgende moment moet je misschien draaien en bukken om hem te werpen of lig je zelf op een hoopje op de mat!

Judospieren

De judoka gebruikt vooral deze spiergroepen:

- Schouders
- Nek en bovenste deel van de rug
- Borst
- Buik
- Armen en benen

Het is belangrijk dat je al deze groepen opwarmt voordat je gaat judoën. Judoleraren letten er altijd op of hun leerlingen zich hebben opgewarmd voordat de les begint.

Rekken van de dijen
Til één voet achter je op. Pak je voet vast en trek hem rustig naar je billen toe.

Stretching

Rekken van de schouders
Hef je armen boven je hoofd. Strek ze naar achteren. Je zou dit in de spieren van je bovenarmen en in je schouders moeten voelen.

Stretching

◀ **Zijlings stretchen**
Zet je voeten schouder-breed uit elkaar en leg je rechterhand op je heup of been. Hef je linkerarm op en buig door naar rechts.

Rollen van de nek ▶
Houd je hoofd schuin en beschrijf een cirkel met je hoofd - met je kin naar je borst en weer omhoog.

Blijf ademen

Haal tijdens rekoefeningen diep adem - daardoor ontspannen je spieren beter. Als je je adem inhoudt, sorteren de oefeningen minder effect.

Kracht opbouwen

Judoka's gebruiken de aanvallende kracht van de tegenstander om hem te verslaan. Toch moeten ze zelf ook sterk zijn in de op blz. 10 genoemde spiergroepen.
Ze trainen hun spieren, maar ook weer niet te sterk, omdat ze dan minder snel zouden kunnen bewegen.

Jonge judoka's zouden niet aan gewicht-training moeten doen. Beter is weerstands-training met oefeningen als push-ups, sit-ups en pull-ups.
Maar als je jong bent, moet je ook dit soort training niet overdrijven.
De beste training voor judo is judoën!

Werken aan snelheid

De beste judoka's reageren bliksemsnel als ze een kans zien om hun tegenstander te verslaan. Maar hoe bereiken ze dat?
Het antwoord luidt: door hard te trainen.

Topjudoka's oefenen dezelfde techniek dag na dag, maand na maand, jaar na jaar.
Ze herhalen het duizenden keren. Op den duur kunnen ze het zonder na te denken.
In de wedstrijd reageert hun lichaam automatisch als de kans zich aandient.

Vallen

Beginners hopen meteen spectaculaire worpen te leren. Maar nieuwe judoka's leren altijd allereerst hoe ze moeten vallen. Dat klinkt makkelijk - maar is het niet!

Valbreken

Het Japanse woord voor een techniek om de val te breken is *ukemi*.

De meest essentiële *ukemi*-technieken zijn:
1) Houd je hoofd ingetrokken en je rug voorover gebogen. In deze houding is het minder waarschijnlijk dat je je nek en rug pijn doet.
2) Verdeel met je handen, voeten, armen of benen de klap van de val. Als je op slechts één lichaamsdeel valt, blesseer je je waarschijnlijk. Er zijn speciale *ukemi's* voor een val voorwaarts, achterwaarts en zijwaarts.

Bij deze valbreuk met rol mogen je hoofd en nek niet op de mat komen. Je breekt de val in plaats daarvan door van je ene schouder over je rug naar de heup aan de andere kant te rollen.

▼

Voorwaartse rol

1 *Zet je palmen plat op de vloer. Trek je kin in tegen je borst.*

2 *Rol met gekromde rug voorover op je rechterschouder. Zwaai je linkerbeen het eerst de lucht in.*

Veiligheid voorop
Trek je hoofd veilig in door naar de knoop in je band te kijken.

Bescherm jezelf

Leren juist te vallen is belangrijk voor je eigen veiligheid. Als je zo maar op de mat ploft, kun je je zwaar blesseren.

Als je weet hoe je juist moet vallen, ben je bovendien veel minder bang als je nieuwe technieken leert.
Als het verkeerd gaat en je zelf op de grond wordt geworpen, is het veel minder waarschijnlijk dat je je pijn doet wanneer je de valtechnieken beheerst.

In deze achterwaartse val vangt de judoka de klap van de val op met haar armen en handen.

Blijf je kin ingetrokken houden.

Achterwaartse val

Vallen in wedstrijden

Goed vallen is ook heel belangrijk in wedstrijden, maar om nog een andere reden: als je verkeerd valt, bijv. plat op je rug, scoort je tegenstander veel punten. Als je goed valt - bijv. op je ellebogen of handen - krijgt je tegenstander minder punten voor zijn worp.

3 *Klap terwijl je omrolt met je linkerarm- en hand op de vloer.
Dat vangt iets van de kracht van de val op. Misschien kun je doorrollen en weer opstaan - klaar om verder te vechten!*

Hebben ze eenmaal leren vallen, dan leren nieuwe judoka's de grondbeginselen van aanvallen en verdedigen. Deze moet je goed beheersen - ze zijn voor de allerbeste judoka even belangrijk als voor de beginner.

Houdingen

Een houding is een manier waarop je staat. Judo kent verschillende houdingen om in aan te vallen of je juist te verdedigen.

- Natuurlijk - je staat rechtop met je voeten hooguit schouderbreed uit elkaar.

- Natuurlijk links en rechts - de natuurlijke houding, maar met je linker- of rechtervoet vooruit.
- Verdedigend - gelijk aan de natuurlijke houding, maar met je voeten meer dan schouderbreed uit elkaar en dieper door je knieën gezakt.
- Verdedigend links en rechts - gelijk aan de verdedigende houding, maar met je linker- of rechterbeen vooruit.

In deze houdingen kunnen judoka's beter hun balans bewaren terwijl ze hun tegenstander uit balans proberen te brengen.

Craig Fallon

Geboortedatum: 18 december 1982

Nationaliteit: Britse

Erelijst

2006 - Europees Kampioenschap: goud

2005 - Wereldkampioenschap: goud

2004 - A-toernooi Praag: goud

2003 - Wereldkampioenschap: zilver

2003 - A-toernooi Rome: goud

2003 - Super A-toernooi Parijs: goud

2003 - Europees Kampioenschap: zilver

2002 - Commonwealth Games: goud

Craig Fallon (hier in blauw pak) is een fantastische allround judoka.

Met zijn lenigheid ontworstelt hij zich altijd weer aan de aanval van zijn tegenstander, hoe sterk diens greep ook is.

Pakking

Je kunt je tegenstander pas werpen als je hem goed beet hebt. Je tegenstander goed vastpakken wordt pakking of in het Japans *kumikata* genoemd.

Je kunt je tegenstander op allerlei manieren vastpakken. Topjudoka's oefenen hun worpen en andere technieken vanuit allerlei verschillende pakkingen. De foto's tonen een van de meest toegepaste pakkingen.

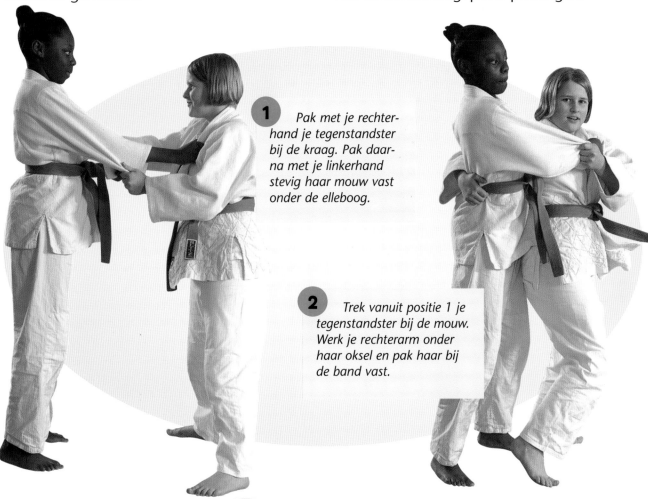

1 *Pak met je rechter-hand je tegenstandster bij de kraag. Pak daar-na met je linkerhand stevig haar mouw vast onder de elleboog.*

2 *Trek vanuit positie 1 je tegenstandster bij de mouw. Werk je rechterarm onder haar oksel en pak haar bij de band vast.*

Een goede pakking van je tegenstander kan in een wedstrijd het verschil betekenen tussen hem wel of niet werpen.

Zwakke punten

Een grondbeginsel van judo is dat je je tegenstander probeert te verslaan op zijn zwaktes. Topjudoka's weten al snel waarin hun tegenstander niet goed is en vallen hem daarop aan.

15

De balans verstoren

Heb je je tegenstander goed vast, dan ga je kijken hoe je hem kunt werpen. Daarvoor moet hij uit evenwicht zijn. Een tegenstander uit balans brengen heet kuzushi.

Aanvallen en verdedigen

Een tegenstander die in een van de basishoudingen (zie blz. 14) staat, staat gewoonlijk stabiel.
Maar je kunt niet allebei maar blijven staan in een basishouding - je moet punten scoren! Als de scheidsrechter in een wedstrijd vindt dat een judoka niet genoeg aanvalt, geeft hij zelfs punten aan de tegenstander.

Een tegenstander is waarschijnlijk uit balans op het moment dat hij je aanvalt of zich juist verdedigt.
Als hij op je af komt, kun je misschien van zijn beweging profiteren door hem mee te trekken in een worp.
En als hij achteruit wankelt, kun je hem beentje lichten, zodat hij op zijn rug valt.

Een tegenstander uit balans brengen en hem gooien met een binnenwaartse beenveeg.

Eerst brengt de aanvaller (in blauw) de verdediger achter- en zijwaarts uit balans.

Daarna veegt hij het linkerbeen van de verdediger weg naar links. De verdediger is al uit balans en kan de worp niet meer tegenhouden.

Hefbomenpunten

Met een hefboom kun je iets makkelijker duwen of trekken. Wanneer je bijv. een deur opent, zijn er twee hefboompunten.
Het eerste is het scharnier, dat de deur aan één kant stilhoudt. Het tweede is de klink - door tegen de klink te duwen of eraan te trekken beweeg je de deur.

Judoka's proberen hefbomen op hun tegenstander te vinden. Zodra ze voelen dat een tegenstander uit balans is, duwen of trekken ze hem in dezelfde richting. Als de tegenstander achteruit gaat, duwen ze hem dus nog eens.

Maar dat is pas één hefboompunt. Voor een geslaagde worp heb je er twee nodig.
Om dit tweede punt aan te brengen kan de judoka zijn been achter dat van de tegenstander haken. Nu zijn de voeten van de tegenstander als het scharnier - onbeweeglijk, terwijl zijn lichaam als de deur is - je kunt hem omver duwen.

Kosei Inoue

Geboortedatum: 15 mei 1978

Nationaliteit: Japanse

Erelijst

_ All-Japan goud 2001, 2002, 2003

_ Aziatische Spelen goud 1998, 2002

_ Wereldkampioen 1999, 2001, 2003

_ Olympisch kampioen 2000

Kosei Inoue is een van de slechts vier judoka's die drie keer wereldkampioen zijn geworden.
Hij was beroemd om zijn krachtige aanvallen en besliste zijn partijen vaak met één worp.

Kosei Inou werpt in de Olympische finale van 2000 de Canadees Nicolas Gill. Met deze worp won Inoue goud. De foto laat zien hoe een succesvolle judoka hefbomenpunten - in dit geval been, arm en schouder - gebruikt om een tegenstander die uit balans is te werpen.

Heupworpen

Veel judoworpen zijn gebaseerd op heupworpen. Heupworpen behoorden tot de eerste judoworpen die werden bedacht en zijn nog altijd een belangrijk wapen in het arsenaal van de judoka.

Timing en beenkracht

Met alleen maar trekken krijg je je tegenstander niet om - met een heupworp wel.

In een heupworp werp je met de kracht in je heupen en benen je tegenstander. De timing is cruciaal. Met de kracht in je benen til je je tegenstander over je heup heen. Met je armen houd je hem alleen maar op zijn plaats.

De grote heupworp

Veel judoworpen berusten op de grote (of elfde) heupworp, in het Japans *o-goshi*.

Grote heupworp

1 Stap in en pak je tegenstandster met je rechterhand beet bij haar band.

2 Zet de aanval door en draai je met je rug naar je tegenstandster, zodat je met je heup tegen haar aan drukt. Blijf haar stevig bij haar mouw en band vasthouden. Zak door je knieën om goed onder haar te komen.

3 Strek je benen en til haar in één ruk over je heup. Als je je aanval goed getimed hebt, schiet ze verder vooruit en ploft op de mat.

Zwevende heupworp

1 Zet de aanval in door je rechter-voet net binnen de rechtervoet van je tegenstander te zetten. Je voeten staan nu vrij ver uit elkaar.

2 Trek snel je linkervoet bij je rechtervoet. Dit verplaatst je gewicht naar je linkerbeen en tilt je tegenstander op je heup.

3 Draai je heupen naar links en werp je tegenstander op de mat.

De zwevende heupworp

Het Japans voor de zwevende of eerste heupworp is *uki goshi*. Dit was een van de eerste judoworpen en een van de technieken die de bedenker van judo, Jigoro Kano (zie blz. 6), onderwees.

De zwevende verschilt van de grote heup-worp doordat de aanvaller niet door zijn knieën zakt. Hij levert in plaats daarvan met zijn draaisnelheid de kracht voor de worp.

Timing en oefening
Alle worpen lukken het beste als je ze snel en goed getimed uitvoert.
Om ze goed uit te voeren, moet je ze duizenden keren oefenen.

Schouderworpen

Schouderworpen zijn zelfs nog spectaculairder dan heupworpen. Je trekt je tegenstander over je schouder heen en kunt hem daardoor hoog in de lucht werpen. Met een geslaagde schouderworp win je vaak meteen de partij. Om je tegenstander met zo'n grote worp te verrassen, moet je natuurlijk wel heel snel handelen en het heel vaak geoefend hebben!

Grondbeginselen van schouderworpen

Alle schouderworpen hebben dit gemeen:

- Als aanvaller kun je je tegenstander alleen vanuit een lage houding over je schouder trekken. Zak dus door je knieën.
- Zet met je lichaamshouding en de pakking van je tegenstander de worp op, zodat je hem precies goed hebt om hem te werpen.
- Heb je hem eenmaal in de juiste positie, dan ontwikkel je de kracht voor de schouderworp door je benen te strekken.

Dubbelhandige schouderworp

1 *Draai je naar je tegenstander met je voeten schouderbreed uit elkaar en je rechtervoet ietsje voor. Grijp hem met je rechterhand bij de kraag en je linker bij de mouw. Trek hem aan zijn mouw en draai je hand met de duim omlaag.*

2 *Blijf hem bij de kraag vasthouden. Werk je elleboog onder zijn oksel. Op dit punt sta je met je rug naar hem toe, met zijn borst tegen je rug aangetrokken. Trek je linkervoet bij en draai verder naar links om hem van de grond te tillen.*

Ryoko Tani-Tamura

Geboortedatum: 9 juni 1975

Nationaliteit: Japanse

Erelijst

• Aziatisch kampioene 1994

• Wereldkampioene - 1993, 1995, 1997, 1999, 2001, 2003, 2007

• Olympisch kampioene - 2000, 2004

• Bronzen medaille Olympische Spelen 2008

Ze is slechts 1 m 46 lang en weegt minder dan 48 kg - maar Ryoko Tamura is een reuzin in de judowereld.

Ze heeft maar liefst zeven keer de wereldtitel in haar klasse gewonnen en is in Japan zo razend populair dat een figuur in de strip 'Yawara' op haar is gebaseerd!

3 Trek hem met beide handen verder over je schouder heen. Strek terwijl je trekt en draait je benen: je tegenstander vliegt over je schouder heen en valt op de mat.

Deze foto van een judoka die een dubbelhandige schouderworp (in het Japans: morote seoi nage) uitvoert, laat zien waarom het belangrijk is dat je goed leert vallen (valbreken, zie blz. 12-13).

Veegtechnieken

Met veegtechnieken 'maai' je je tegenstander van zijn voeten. Je kunt dat op verschillende manieren doen. Je kunt zijn voeten wegvegen met je benen, voeten - of soms zelfs je handen!

Binnenwaartse en buitenwaartse vegen

Bij het beschrijven van veegtechnieken spreken leraren van 'binnenwaartse' en 'buitenwaartse' vegen. In binnenwaartse vegen zet je je voet of been tussen de benen van je tegenstander en veegt deze naar buiten toe.

In buitenwaartse vegen zet je je veeg van buiten de benen van je tegenstander in. Daarna veeg je naar binnen en terug, in plaats van naar buiten en weg.

Vegen met gebruik van de heup

In sommige vegen gebruik je naast je benen je heupen. Een voorbeeld is de vleugelheup, *hane goshi*.

Vleugelheup

De aanvaller tilt zijn rechterbeen op terwijl hij naar links draait. Dit veegt de tegenstander van zijn voeten.

Grote binnenwaartse beenveeg

In de dubbelhandige beenveeg komt het aan op snelheid. Als je het niet snel genoeg doet, draait je tegenstander weg.

1 *Zet de aanval in met je voeten schouderbreed uit elkaar en je rechtervoet iets voor. Pak je tegenstander bij de kraag en mouw.*

2 *Stap in en haak je rechterbeen tussen zijn benen. Duw met je rechterhand vooruit en trek aan zijn mouw.*
Haak je rechterbeen achter zijn linkerbeen.
Veeg je been naar je toe, met je voet glijdend over de vloer. Blijf met rechts duwen.
Trek je linkerbeen bij en veeg het linkerbeen van je tegenstander naar buiten en weg.

Groot en klein

In een 'grote' veeg maai je je tegenstander met je been onderuit. In een 'kleine' veeg doe je dat met je voet.

Vegen met gebruik van de handen

In sommige vegen gebruik je je handen. Zo pak je in de dubbelhandige veeg met beide handen de benen van je tegenstander aan de achterkant vast. Je drukt je schouder in zijn band en werpt hem.

Deze vorm van aanvallen is erg populair bij judoka's die in 'worstelstijl' judoën. Dit type judoka is vaak afkomstig uit landen met een worsteltraditie. Veel van deze landen maakten vroeger deel uit van de Sovjet-Unie.

Grondgevecht n

Wanneer je je tegenstander op de mat werpt, hoeft het gevecht natuurlijk nog niet voorbij te zijn. Misschien moet je het op de grond voortzetten.

Houdgrepen

Houdgrepen doen wat hun naam zegt - je houdt je tegenstander ermee tegen de grond. Je kunt een wedstrijd winnen door hem 25 seconden tegen de grond te drukken. Als zelfverdediging is het een nuttige techniek als je iemand kunt controleren tot hij het opgeeft.

Dit is de eerste houdgreep, in het Japans: *kesa gatame.* Het is een van de eerste houdgrepen die nieuwe judoka's leren. Sla je rechterarm om de nek van je tegenstander.
Pak zijn linkerarm stevig beet en trek hem voor je lichaam langs.
Druk je tegenstander met je lichaamsgewicht tegen de mat.

Grondgevechten in een wedstrijd

In een wedstrijd roept de scheidsrechter 'Osaekomi!' (het Japanse woord voor houdgreep) wanneer hij vindt dat een houdgreep ingezet is. Hij roept dat alleen als volgens hem aan deze voorwaarden is voldaan:
1 De aanvaller ligt in de juiste houding.
2 Hij heeft de verdediger onder controle en drukt hem met minstens één schouder en zijn rug op de grond.
3 Zijn benen zijn vrij van de verdediger.
4 Minstens één judoka bevindt zich met een deel van zijn lichaam in het wedstrijdgebied.
Zodra de scheidsrechter *osaekomi* roept, begint het aftellen. Als de verdediger zich niet binnen 25 seconden los worstelt, heeft hij verloren.

◀ Een brug maken is een van de beste manieren om je uit een houdgreep los te worstelen.

Verdedigen tegen houdgrepen

Je kunt op twee manieren een houdgreep verbreken: door armklemmen en bruggen.

Een brug maak je door je heupen van de mat te tillen, zodat je een holle rug hebt. Soms kun je daardoor je tegenstander van je af laten rollen. In een wedstrijd rust je dan in elk geval niet meer met je rug op de mat.

Het tellen stopt dus en moet weer opnieuw beginnen als je weer met je rug de vloer raakt.

Topjudoka's verzetten zich met armklemmen tegen een houdgreep. Een armklem oefent druk uit op de elleboog van de aanvaller. De verdediger probeert de aanvaller zo ertoe te dwingen los te laten of helemaal op te geven.

◀ In een houdgreep moet minstens één judoka zich met een deel van zijn lichaam binnen het wedstrijdgebied (rood op de foto) bevinden - al is het maar een teennagel.

Wedstrijden

In wedstrijden kunnen judoka's laten zien dat ze beter zijn geworden.
Ze kunnen er ook in promoveren naar een hogere graad.

Toernooien

Judotoernooien zijn knock-outcompetities, zoals tennistoernooien. Als je je eerste partij wint, ga je naar de volgende ronde. Als je die wint, ga je weer verder. Als je blijft winnen, bereik je de finale en vecht je tegen de enige andere deelnemer die al zijn partijen heeft gewonnen.

Puntentelling

De scores berusten op de technieken die de judoka's laten zien op de mat. Van hoog naar laag zijn de scores:

1 Ippon - hiermee win je de wedstrijd.

Wordt gegeven als je:
- je tegenstander met kracht op zijn rug werpt
- hem 25 seconden in een houdgreep houdt
- hij opgeeft.

2 Waza-ari - is hoger dan alle andere lagere punten, hoeveel lagere punten de tegenstander ook heeft gekregen. Wordt gegeven als je:
- je tegenstander met kracht werpt, maar slechts gedeeltelijk op zijn zij
- hem 21-25 seconden in de houdgreep houdt.

3 Yoku - één yuko is beter dan alle lagere scores samen. Wordt gegeven als je:
- je tegenstander zonder kracht op zijn zij of rug werpt
- hem 16-20 seconden in een houdgreep houdt.

David Douillet is een van de succesvolste judoka's aller tijden. Hij is een nationale held in Frankrijk en heeft vele Franse kinderen ertoe geïnspireerd te gaan judoën.

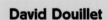

David Douillet

Geboortedatum: 17 februari 1969

Nationaliteit: Franse

Erelijst

Olympisch goud 1996, 2000

Wereldkampioen 199, 1995, 1997

Vlak na het winnen van Olympisch goud in 1996 kreeg David Douillet een zwaar motorongeluk.
Hij herstelde, werd in 1997 wereldkampioen en won in 2000 zijn tweede Olympische goud.

4 Koka - wordt gegeven als je:
- je tegenstander op zij dij of billen werpt
- hem 10-15 seconden in de houdgreep houdt.

Soorten wedstrijden

Er zijn wedstrijden op allerlei niveaus. Jonge judoka's kunnen bijv. aan clubwedstrijden meedoen. Of ze kunnen deelnemen aan minitoernooien, waaraan alleen spelers van een lagere graad mee mogen doen.

Topjudoka's kunnen aan regionale toernooien als het Europees Kampioenschap of de Aziatische Spelen deelnemen. Daarnaast zijn er internationale A- en Super A-toernooien.

Iedere judoka droomt ervan het Wereldkampioenschap en de Olympische Spelen te winnen. De beste judoka's ter wereld meten zich op deze toernooien met elkaar en trainen daar jaren en jaren keihard voor.

Deze judoka's doen judo-examen. Ze moeten laten zien of ze genoeg hebben geleerd om bevorderd te worden naar een hogere graad.

Ook in een wedstrijd kun je bevordering naar een hogere graad verdienen. Als je iemand met een hogere band verslaat, word je automatisch naar die graad gepromoveerd.

27

Wereld- en Olympische kampioenen

Judokampioenen bij de mannen

Gewichtsklasse	Olympisch kampioen 2008	Wereldkampioen 2007
Open	-	
Boven 100 kg	Satoshi Ishii, Japan	Yasayuki Muneta, Japan
Tot 100 kg	Naidan Tuvshinbayar, Mongolië	Teddy Riner, Frankrijk
Tot 90 kg	Irakli Tsirekidse, Georgië	Luciano Corrêa, Brazilië
Tot 81 kg	Ole Bischof, Duitsland	Irakli Tsirekidze, Georgië
Tot 73 kg	Elnur Mammadli, Azerbeidzjan	Tiago Camilo, Brazilië
Tot 66 kg	Masato Uchishiba, Japan	Ki-Chun Wang, Zuid-Korea
Tot 60 kg	Choi Min-Ho, Zuid-Korea	João Derly, Brazilië
		Ruben Houkes, Nederland

Judokampioenen bij de vrouwen

Gewichtsklasse	Olympisch kampioene 2008	Wereldkampioene 2007
Open	-	Maki Tsukada, Japan
Boven 78 kg	Tong Wen, China	Tong Wen, China
Tot 78 kg	Yang Xiuli, China	Yurisel Laborde, Cuba
Tot 70 kg	Masae Ueno, Japan	Gevrise Emane, Frankrijk
Tot 63 kg	Ayumi Tanimoto, Japan	Driulis González, Cuba
Tot 57 kg	Giulia Quintavalle, Italië	Sun-Hui Kye, Noord-Korea
Tot 52 kg	Dongmei Xian, China	Sji Junjie, China
Tot 48 kg	Alina Dumitru, Roemenië	Ryoko Tani, Japan

*De open klasse staat niet op de Olympische Spelen; hier kunnen judoka's alleen in hun eigen gewichtsklasse deelnemen.

De drie succesvolste judoka's 1951-2001

1 Ingrid Berghmans (België): 6 wereld-, 1 Olympische titels
2 Ryoko Tamura (Japan): 6 wereld-, 1 Olympische titels
3 David Douillet (Frankrijk): 4 wereld-, 2 Olympische titels

Woordenlijst

Agressie Aanvallend of dreigend gedrag.

Discipline Gehoorzaam en vastbesloten zijn, vooral qua trainen.

Dojo Een plaats waar wordt gejudood. De zaal kan exclusief voor judo bestemd zijn of met andere activiteiten worden gedeeld.

Grondgevecht De voortzetting van het gevecht op de grond als de judoka's niet langer staan.

Hane goshi Heupworp met vegende actie.

Hefboompunten Bepaalde punten met behulp waarvan je makkelijker een voorwerp kunt verplaatsen.

Judogi Het speciale pak dat judoka's dragen.

Judoka Iemand die de judosport beoefent.

Kesa gatame Of eerste houdgreep. Basistechniek in grondgevechten; je drukt er je tegenstander mee op de mat.

Kumikata Pakking; het beetpakken van de tegenstander.

Kuzushi De kunst om je tegenstander uit balans te brengen, zodat je hem kunt werpen.

Kyu Een judograad voor oudere judoka's.

Morote seoi nage Een schouderworp die je met twee handen uitvoert.

O-goshi Grote of elfde heupworp.

Respect Vastbeslotenheid om mensen goed te behandelen, met eerbied en achting.

Tatami De mat waarop gejudood wordt.

Techniek Een methode om een lichaamsbeweging zo goed mogelijk uit te voeren.

Ukemi 'Valbreken'; technieken om vallen op te vangen.

Uki goshi Zwevende of zevende heupworp.

Veegtechnieken Worpen waarin je je tegenstander van zijn voeten maait.

Websites

www.ijf.org
Website van de Internationale Judo Federatie (IJF), de wereldbond die het Wereldkampioenschap en het Olympisch judotoernooi organiseert. Met links naar diverse regionale organisaties.

www.eujudo.com
Website van de European Judo Union (EJU), die het Europees Kampioenschap en de Europa Cup organiseert.

www.jbn.nl
Website van de Judo Bond Nederland (JNB).

www.bjf.be
Website van de Vlaamse Judo Federatie (VJF).

Register